NOUVELLE EPELLATION - LECTURE,

Par un Ami de l'Instruction.

Emploi des Voyelles simples.

Sons			Formation des mots.					
A	me	i	mi	ne	a	na	Mi	na,
à	de	é	dé	je	à	jà	dé	jà,
â	me	â	mâ	te	a	ta	mâ	ta,
e	de	is	dis	le	»	»	dis	le,
é	je	é	gé	re	é	ré	gé	ré,
è	pe	a	pa	le	ès	lès	Pa	lès,
ê	fe	o	fo	re	êt	rêt	fo	rêt,
ë	ne	o	no	ë	le	ël	No	ël,
i	pe	i	pi	pe	i	pi	pi	pi,
î	de	î	dî	ne	é	né	dî	né,

A.

ï	te	a	ta	ï	»	»	Ta	ï,
o	ke	o	co	ke	o	co	co	co,
ô	se	i	si	te	ôt	tôt	si	tôt,
u	re	en	ren	de	u	du	ren	du,
à	re	de	û	dû	»	»	re	dû,
ü	se	a	za	ü	»	»	Esa	ü,
y	pe	ai	pai	is	i	»	pa	ys,
y	ve	ien	viens	i	»	»	viens	-y,

EXERCICE. | EXERCICE.

e	a	cela,	u	ë	Puël,
o	à	holà,	i	i	zizi,
â	é	mâté,	a	ï	haï,
i	e	lie-le,	o	o	loto,
î	é	gîté,	ê	e	fête,
é	è	Cérès,	ô	é	côté,
i	ê	il vêt,	é	u	tétu,

û	i	mûri,	e		y		Denys,
a	ü	Saül,	a		y		vas-y.

Emploi des Consonnes simples.

Articulations.   *Formation des mots.*

B	be	om	bom	be	é	bé	bom	bé,
C	ke	a	ca	ce	é	ssé	cas	sé,
C	ce	es	ces	ce	é	sé	ces	sé,
D	de	a	da	te	é	té	da	té,
F	fe	a	fa	ne	é	né	fa	né,
G	gue	a	ga	gne	é	gné	ga	gné,
H	he	a	ha	che	é	ché	ha	ché,
J	je	te	é	té	»	»	je	té,
K	ke	é	ké	ne	u	nu	ké	nu,
L	le	u	lu	xe	é	xé	lu	xé,
M	me	u	mu	re	é	ré	mu	ré,
N	ne	o	no	te	é	té	no	té,

P	pe	a	pa	re	é	ré	pa	ré,
Q	ke	i	qui	ne	é	né	qui	né,
R	re	a	ra	pe	é	pé	ra	pé,
S	se	a	sa	le	é	lé	sa	lé,
T	te	a	ta	pe	é	pé	ta	pé,
V	ve	i	vi	de	é	dé	vi	dé,
X	xe	a	xa	ve	ié	vier	Xa	vier,
Z	ze	é	zé	le	é	lé	zé	lé,
Gu	gue	ui	gui	de	é	dé	gui	dé,

EXERCICE. | EXERCICE.

Be	bé	tombé,	ji	je	dis-je,
ve	vé	cavé,	ne	né	kané,
ce	cé	sucé,	le	lé	mêlé,
de	dé	cédé,	me	mé	limé,
fe	fé	café,	ne	né	mené,
te	té	hâté,	pe	pé	pipé,

ke qué moqué,   ve vé levé,
re ré curé,   xe xé fixé,
se sé hersé,   ze zé gazé,
te té pâté,   je gé jugé,
  gue gué légué.

Emploi des Consonnes doubles.

Articulations.   *Formation des mots.*

Bl	ble	u	blu	te	é	té	blu	té,
Br	bre	a	bra	se	é	zé	bra	sé,
Ch	che	an	chan	te	é	té	chan	té,
Cl	cle	a	cla	ce	é	ssé	cla	ssé,
Cr	cre	é	cré	me	é	mé	cré	mé,
Dr	dre	a	dra	pe	é	pé	dra	pé,
Fl	fle	û	flû	te	é	té	flû	té,
Fr	fre	ô	frô	le	é	lé	frô	lé,
Gl	gle	a	gla	ne	é	né	gla	né,

Gn	gne,	se i si	gue,é	gné si	gné,
Gr	gre	u	gru	ge é	gé	gru	gé
Ph	fe,	ke u	ku fe	»	ku	phe,
Pl	ple	u	plu	me é	mé	plu	mé.
Pr	pre	ê	prê	te é	té	prê	té,
Ps	pse,	je y gy	pse é	psé gy	psé,
Pt	pte,	o	pte é	pté »	op	té,
Sc	ske	o	sco	le ie	lie	sco	lie,
Sm	sme	i	smi	le ax	lax	smi	lax,
Sp	spe,	je a ja	spe é	spé ja	spé,
Sq	ske	i	squi ne	»	»	squi	ne,
St	ste	a	sta	te ue	tue	sta	tue,
Th	te	o	tho	me as	mas	Tho	mas,
Tr	tre	é	tré	me ie	mie	tré	mie,
Vr	vre	le i li	vre é	vré li	vré.

EXERCICE.   EXERCICE.

Ble	blé	cablé,	ple	plée	triplée,
bre	bré	timbré,	pre	pré	le pré,
che	ché	niché,	ô	me	psaume,
cle	clé	cerclé,	a	te	apte,
cre	cré	sucré,	re	rie	scorie,
dre	dré	cadré,	ille	illé	smillé,
fle	flé	ronflé,	le	lié	spolier,
fre	fré	soufré,	i	re	squirrhe,
gle	glé	sanglé,	a	de	stade,
gne	gné	peigné,	se	zée	Thésée,
gre	gré	bon gré,	tre	trée	entrée,
fe	phée	trophée,	ille	illé	vrillé.

Emploi des Consonnes triples.

Articulations. *Formation des mots.*

Chl	cle	o	clo	re	is	ris	chlo	ris,
Phl	fle	o	phlo	me	is	mis	phlo	mis,
Chr	cre	é	chré	te	ien	tien	chré	tien,
Phr	fre	a	phra	se	ier	zier	phra	sier,
Sch	che	i	chi	sme	»	»	schi	sme,
Sph	sfe	è	sphè	re	»	»	sphè	re,
Scr	scre	u	scru	te	é	té	scru	té,
Spl	sple	en	splen	de	eur	deur	splen	deur,
Sth	se	a	sme	»	»	»	asth	me,
Str	stre	ic	stric	te	»	»	stric	te,
Str	stre	»	»	»	»	»	a	stre,
Thl	tle	è	thlè	te	»	»	athlè	te,
Thr	tre	i	thri	de	a	da te	Mi	thridate,
Phr	fre	a	phra	te	»	»	Eu	phrate,
Phth	fte	i	phthi	se	ie	zie	phthi	sie.

EXERCICE.

Cle	o	u	re	chlorure,
fle	o	o	ze	phlogose,
cre	i	o	fe	Christophe,
fre	a		ze	phrase,
scre	u		té	scruter,
scre	i		be	scribe,

EXERCICE.

sfe	é	i	ke	sphérique,
sple	en	i	de	splendide,
stre	o		fe	strophe,
	i		sme	isthme,
a	é	i	ke	athlétique,
fte	i	ia	ze	phthiriase.

Emploi des sons précédés et suivis d'une ou de plusieurs consonnes.

Formation des mots.

Be	se	oin	zoin	»	»	au	be	soin,
Le	ce	on	çon	»	»	la	le	çon,
Re	es	res	pe	ect	pect	le	re	spect,
Re	gue	ar	gar	de	é	dé	re	gardé,
Ré	de	ac	dac	te	eur	teur	ré	dacteur,
Se	uc	suc	ce	ès	cès	le	suc	cès,
Ré	de	uc	duc	te	eur	teur	ré	ducteur,

Ob	je	ec	jec	te	if	tif	ob	jec tif,
Ke	al	cal	ke	ul	cul	le	cal	cul,
Ag	ne	us	nus	»	»	à	l'ag	nus,
Gue	ar	gar	ce	on	çon	au	gar	çon,
Ré	é	ré	ke	ol	col	te	ré	col te,
He	a	ha	be	it	bit	ton	ha	bit,
Me	a	ma	je	or	jor	ce	ma	jor,
Ac	te	i	ci	on	»	son	ac	tion,
E	te	o	to	fe	er	ffer	é	to ffer,
Pe	ur	pur	gue	a	ga t	if	pur	ga tif,
Re	ai	rai	se	ons	zons	vos	rai	sons,
Re	é	ré	ac	te	i ci	on	ré	ac tion,
Gue	é	gué	re	ir	rir	se	gué	rir.

EXERCICE. ## EXERCICE.

an e oin tant de soins,   è a è les cadets,
ou è on tous les sons,   a a é hasardé,

e	oc	eur	le docteur,
an	è	è	sans excès,
i	ec	eur	directeur,
ad	ec	if	l'adjectif,
e	ig	ag	le zig-zag,
e	a	us	de Ramus,
ul	a	te	Vulgate,
e	u	is	de Tunis,

an	é	ix	Jean-Félix,
u	e	è	tu remets,
on	ep	ion	conception,
é	i	os	mérinos,
a	a	if	laxatif,
é	i	on	fléchissons,
o	i	on	l'horizon,
on	é	ir	conquérir.

Emploi des Voyelles composées.

A	*ea*	*eas*	Il char *gea*, tu le ju *geas*.
—	*ée*	*ééе*	La f*ée* a été cr*éée*.
	ai	*ay*	C*ay* lar est pavé au qu*ai*.
	ei	*ey*	Le p*ei* né de Fau co gn*ey*.
é	*œ*	*œ*	D'*Æ* néis le f*œ*tus formé.
	er	*és*	Les bl*és* du ber *ger* sci *és*.
	ez	*aie*	Pin c*ez* le nez dans la l*aie*.

éent	ées	Ils cré*ent*, el les sont sa cr*ées*.
—ai	aie	En m*ai* j'es s*aie* la mon n*aie*.
cai	eaies	Ce g*eai*, je veux que tu l'*aies*.
eaient	ay	Ils par l*aient* du Pa ra gu*ay*.
eaient	aye	El les lo g*eaient* à la H*aye*.
è aid	ais	Le ma tou l*aid* du pa l*ais*.
ait	aix	J'ai mais le l*ait* et la p*aix*.
ei	ey	Les b*ei*gnets de Da ho m*ey*.
eie	es	Qu'il s'a ss*eie*, c*es* mets, prends-l*es*.
et	ets	Au ca d*et*, re m*ets* ce m*ets*.
—ai	eu	F*ai*sons un j*eu* blanc ou bl*eu*.
œu	œut	Il p*eut* dé faire ce n*œud*.
œu	eux	Tu fais v*œu* aux blonds che v*eux*.
œux	œuds	Fais des v*œux* et non des n*œuds*.
e œ	eux	L'*œil* et bon a cc*ueil* au f*eu*.
ew	eue	Ren fr*ew* à la cor de bl*eue*.

es	œufs	Aux gros œufs tu sues très peu.
œufs	eux	Les gros bœufs mangent pour eux.
—ie	ïe	Marie, tu pries Isaïe.
il	ye	Ton outil de Biscaye.
i it	is	Mets ton habit au logis.
ient	ix	Elles rient de la perdrix.
—oi	oie	Lis la loi dans cette voie.
oy	oye	Du Crotoy, de Troyes à Roye.
oid	ois	Il fait froid, mettons du bois.
oa oids	oigts	Mettez des poids aux doigts.
eois	oit	Les Albigeois du détroit.
oient	oix	Ils t'en voient des noix de Poix.
—ão	eó	Le geô lier, la Saône et le Pô.
oo	op	Au galop, Zoo lite au dos.
os	ot	A propos, gigot ou rôt.
ô au	ots	A l'étau des Hottentots.

aud	*eau*	Le ré ch*aud*, le v*eau* dans l'*eau*.
auts	*ault*	Les ar ti ch*auts* de Re n*ault*.
oths	*aulx*	Les G*oths* ai ment les gros *aulx*.
—*ou*	*oud*	Il m*oud*, le c*ou* c*ou* long c*ou*.
ouds	*oup*	Tu c*ouds*, des c*oup*s sur le l*oup*.
ous	*oue*	Par le rons-n*ous* de la j*oue*.
ou *ou*	*août*	C'est un long b*out* du mois d'*août*.
oût	*outs*	Le ra g*oût* aux petits b*outs*.
oux	*ow*	Que tu es d*oux* frère A r*ow*.
ouent	*ous*	Ces fil les j*ouent* aux gros s*ous*.
—*eu*	*ue*	J'ai *eu* la man g*eu* re en v*ue*.
us	*uë*	Le ver j*us* de la ci g*uë*.
u *ût*	*ut*	De l'a ff*ût* j'a tteins mon b*ut*.
ues	*uent*	Tu con tri b*ues* quand ils s*uent*.

Emploi des Voyelles nasales.

—*An*	*am*	A d*am* vint au jour de l'*an*.

15

	en	em	Temple au levant de Rouen.
	aen	aon	Va à Caen, j'élève un paon.
	ean	amp	Ton fils Jean ira au camp.
an	anc	and	Le flanc au gourmand friand.
	ang	ant	De l'étang va dans le plant.
	ants	end	Les gants et le bois qu'il vend.
	ent	eng	Il est content à Soreng.
—	ain	aim	L'essaim fuira demain.
	em	eims	Il va de Lemberg à Reims.
	im	ein	Cet impie a son dessein.
in	eins	in	Je peins le pain et le vin.
	int	ins	Il vint voir les gros raisins.
	ym	yn	L'Olym pien syndic Firmin.
—	on	om	C'est le nom du bon poisson.
	aon	eon	Le taon vole et le pigeon.
	um	un	C'est du punch ou un pensum.

on	*ond*	*ong* Cha peau r*ond* au l*ong* four g*on*.
ons	*ont*	Les me l*ons* ils por te r*ont*.
ompt	*omb*	Ce bâ ton se r*ompt* au pl*omb*.
— *un*	*um*	Le b*on* par f*um* de Me l*un*.
un	*eun*	*oin* Il reste à j*eun* au be s*oin*.
— *èm*	*èn*	A Beth lé *em* dis a m*en*.
éim	*èin*	De Mol sh*eim* va à Hol st*ein*.
àm	*àn*	Jo r*am* aux *an* na les de L*an*nes.
im	*in*	I bra h*im* *in* no ve un h*ymn*e.
ym	*om*	G*ym* na se et s*om* no lence d'h*om*me.
i	*in*	L'*in* no cen ce de Jean Gu*i*.

Emploi des Voyelles formant ensemble un son double.

Ia	*iel*	Il bal bu t*ia* sub stan *tiel*.
io	*iu*	Ma da me Fr*io* à Dr*iu*.
oès	*ua*	L'a lo*ès* il di stri b*ua*.
uel	*uit*	Ma n*uel* et bon bi sc*uit*.

» *ieil*　　*iais*　Le grand n*iais* v*ieil* li ssait.
» *iau*　　*ieu*　P*iau* le au tu yau de l'es s*ieu*.
» *ieue*　*iout*　Dans la ban l*ieue* de Cou tt*iout*.
» *yo*　　*oua*　Le m*yo* pe de Rio me l*oua*.
» *ouai*　*ouet*　Je la l*ouai* de son j*ouet*.
» *oui*　　*iant*　J'ai j*oui* pour le con f*iant*.
» *iens*　*yens*　Bons l*iens* et bons mo*yens*.
» *ion*　　*iom*　A p*ion* tri *om* phe à S*ion*.
» *yám*　*yon*　Nous l'es su*y á* mes à L*yon*.
» *ouant ouin*　En j*ouant* seul au mar s*ouin*.
» *uant ouen*　Le chat-h*uant* de Saint-*Ouen*.
» *uin*　*uons*　En j*uin* il s*uin* te et nous s*uons*.

Sur les Sons ou Voyelles séparables.

Le château bien a éré　　│　Sa ül ré ussira.
De Ma ové honoré.　　　│　Pri ère en con frérie,
En li ant le bo a　　　　│　La joie en pó ésie.

Quand Zo é a cri é
Tu avais suppli é.
Tous les oiseaux cri èrent
Puis ils se remu èrent.
Vous li ez, nous li ons;
Vous pri ez, nous pri ons.
J'allais dans le pré au
En portant du gru au.
Nous cri ions, vous cri iez;
Nous sci ions, vous sci iez.
Tous nos frères jou èrent,
Toutes vos sœurs su èrent.
Sa bête s'est tu ée,
Sa douleur est pa ssée.
Dieu cré a le ciel, l'onde,
Et la terre et le monde.

J'ai cré é ce billet,
Tu se mas du millet.
Jou eurs aux mains levées
Et aux sœurs dévou ées.
Quand à l'église on sonne,
Marie a l'ou ïe bonne.
Agré ez, j'ai agré é;
Supplé ez, j'ai supplé é.

Sur le son i par y.
Syndic en Bisca ye,
Aimez la sympathie.

Sur les sons liés par y.
Antoine vous pay a,
Je ray ai, il grassey a.
Quand nous nous ennuy ons,
Nous ne vous employ ons.

On dit qu'ils grossoy èrent

Et qu'ils ne vous pay èrent

Ils se sont essuy és ;

Ils s'étaient tutoy és.

Ici, essuy ons-nous,

Et là, appuy ez-vous.

Chemin fray é, bou eux,

Et long bâton nou eux.

Vos sœurs me coudoy èrent

Et elles s'appuy èrent.

La pension octroy ée,

Et la feuille est rayée.

Rapportez les tuy aux

Et les cachets roy aux,

Puis le coton soy eux

Des employ és joy eux.

Tu passais en revue,

Nous balay ions la rue.

En suivant les es pions,

Crois que nous ennuy ions.

Ces filles renvoy ées

Ne sont pas effray ées.

Les dames grossoy aient

Et les garçons pay aient.

Ils s'appuy aient souvent

Et s'assey aient longtemps.

Prononcez les deux con- sonnes dans les mots suivants.

Julien lui suc cédait

Lorsque Louis l'ir ritait.

La red dition citée

A été sug gérée.

Am man me demanda :
An nibal est-il là ?
Ce peuple bel liqueux
Est il lustre et heureux.

La compres sion pres sante,
La fièvre intermit ente.
Mets le mez zo-tinto
Dans cet in-octavo.

Ne prononcez qu'une consonne dans les mots suivants.

L'a bbé a ra ffiné
Le miel a gglutiné.
Son ho nneur s'est a ccru
D'un so mmeil a ssidu.
Les so mmes a dditio nnées,
Les colo nnes sont pliées.

Remet tons ce co llier
Et co llons du papier.
Le cha rron a rrosant
Les œillets en pa ssant.
Bo tté à la Pa zzi,
Tu iras au la zzi.

On prononce les consonnes finales dans les mots suivants.

Prononcez bien Jacob,
Le bac, le pic de Job,
David, le sud, Galaad,
Le bœuf, le chef, Conrad,

Le motif, le fil, Leck,
Le cheval, le sol sec,
Le bourg, le cinq, le cep,
Le calcul, l'or, salep,

Roboam, spécimen, | L'index, mon cher Félix,
Le cap, Olim, amen, | L'aloès, l'eau du styx,
Le coq, le char de Mars, | Vis, prétérit, Senez,
Le cuir intact, le laps, | L'introït, le lynx et Metz.

On ne prononce pas les consonnes finales dans les mots suivants.

Remarquez bien ces plombs, | Des mères qui gémissent
Les deux grands copeaux ronds | Et d'autres qui s'unissent ;
Les dards, le lard, les arts, | Marque leurs noms, leurs corps,
Les œufs, les bœufs, les parts, | Leurs prénoms et leurs torts,
Les rangs, les gants, le tabac, | Les pavots de Lambert,
Cités dans l'Almanach. | Les sabots de Robert,
Mon fils voit des héraults, | Les bords, les nez, les bouts,
Des fusils, des marseaux, | Qui sentent les bons choux.

Emploi des L ou sons mouillés.

Fais-nous voir en *détail* | Il n'y a en ce *treuil*
Le plus curieux *sérail*. | Aucun mauvais *écueil*

On voit ce beau *conseil*	Les plus grande *batailles*.
Comme un *brillant soleil*.	Mettons dans des *corbeilles*
Le *fenouil tortillé*	Les plus belles *groseilles*.
Au *cerfeuil émaillé*.	En faisant des *brouillons*
Coupe ce *chèvre-feuille*	Il prend des *papillons*.
Et ôte cette *feuille*.	Les petites *fillettes*
Votre frère me *fouille*	Mettent des *chevillettes*
Quand il nettoie sa *douille*.	Autour de leur *quenouilles*
Il peint sur ces *murailles*	Pour fouetter les *grenouilles*.

Remarques sur plusieurs lettres.

C est dur devant a, o, u : *cable, coton, cuvé* ; et il s'adoucit en prenant une cédille et devant e, i, y : *çà François, reçu, ceci, cédé, cylindre*, etc. Il se prononce comme g dans *second*, etc.

EXERCICE. Il y a des *cantons* où le *coton* est *cultivé*.

Ma *leçon* a été *aperçue* ; elle vaut mieux

que la *précédente*. Cela est *certain*, j'ai *cité* une première et une *seconde* fois ce *cygne*.

G est dur devant a, o, u : *galop, gobe, gutte*, et il s'adoucit devant e, i, y : *géré, gêne, juge, gilet, gypsé*, etc.

Et en premier lieu, g se prononce comme k dans *kangrène*.

Exercice. Ton frère a *mangé du gâteau à gogo*, et il en a donné à *Auguste*, à *Gustave* et à *Eugène Guillot*.

Ils se sont trouvés *gênés* et sots. Jugez si ces petits *Egyptiens* mangeront des *gigots*.

Gu se prononce *gu* dans *aiguille*, *ghi* dans *anguille*, et *gou* dans *Guadeloupe*.

Exercice. Les *aiguillons* ont piqué les *anguilles* qu'on portait au duc de *Guise*.

M se prononce dans *calomnie*; en premier lieu, il se prononce comme n dans *emmener*, etc., et il est nul dans *automne*, etc.

Exercice. Ce jeune homme ne devra pas être *emmené* loin de sa famille, ni *calomnié* ni *condamné* injustement.

P ne se prononce pas dans *sept* ni dans *promptitude*, etc.

Exercice. Si vous n'êtes pas arrivé avant le *septième* jour, alors il faudra venir *promptement*.

Qu se prononce *ku* dans *questure*, et *kou* dans *aquatique*, etc.

Exercice. Ce *questeur* regarde les *quadrupèdes* en estampes, vivant sous l'*équateur*.

H ne se prononce pas dans *rhéteur*, ni dans *rhubarbe*, etc.

Exercice. Pour être bon *rhéteur*, il faut avoir étudié la *rhétorique* et la pratiquer.

S entre deux voyelles se prononce

comme z: *visage, rosée,* etc., excepté dans *clysoir, désuétude,* etc.

S se prononce encore comme *z* dans *Alsace, transitif,* etc., et il ne se prononce pas dans *Aisne, Bresle,* etc.

Exercice. Que de *roses* fanées ! Que de *trésors* épuisés ! Quelle *vraisemblance* ! Le beau *parasol,* etc.

Ils ont *transigé* et ils nous ont rapporté des *balsamines.* — Les uns revenaient d'*Avesnes* et les autres de *Nismes.*

T se prononce comme *s* ou *c* doux dans *action, potion, primatie,* etc. ; il conserve sa valeur dans *bâti, parti, sortie,* etc., et il ne se prononce pas dans *asthme, Montmédi,* etc.

Exercice. Sans *partialité,* initiez les élèves dans les *répétitions* et empêchez-les de *balbutier.*

Tout sera *senti.* Les leçons sont *assorties.*

Cet *asthmatique* ira à *Montpellier*.

Ch se prononce *che* dans *champ, chêne, chose,* etc., et *ke* dans *chaos, eucharistie, écho,* etc.

Exercice. La *charité* est une vertu qu'il faut *choisir*. — Dans la *Chaldée* on *chante* en *chœur*, on fait *chorus*, etc.

Ph se prononce *fe* dans *Joseph, Philippe,* etc.

Exercice. La *philosophie* et la *physique* seront étudiées, ainsi que la *géographie*.

Gn se prononce *gne* dans *agneaux, ignorant,* etc., et *gue* dans *agnus, stagnation,* etc.

Exercice. Ce prince a *régné dignement*. Que d'eau *stagnante*. L'*agnus-castus* est une plante.

W se prononce *ve* dans *Wilna, Wolga,* etc., et *ou* dans *Watigny, Wallet,* etc., il est nul dans *Bowl, Law*.

Exercice. La *Norwège* est au nord de l'Europe. *Wailly* et *Wadbled* sont des noms propres de famille.

X se prononce comme gz dans *exhorter*, *exiler*, etc., comme ks dans *axe*, *fixe*, etc., comme k dans *excepter*, *exciter*, etc., comme ss ou ç dans *soixante*, *Auxomne*, etc., et comme z dans *deuxième*, *sixième*, *dix-huit*, etc., etc.

Exercice. *Xavier* répond aux *exhortations* par des *exercices* continuels. *Félix* indique les *axiomes* et les verbes *auxiliaires*. Evitez les *excès*, et remarquez les *exceptions*. Jules est revenu de *Cadix* le *soixantième* jour. Dans huit jours il ira à *Aix* et à *Bruxelles*, d'où il reviendra le *dixième* jour ou le *dix-neuf*.

Et *z* se prononce comme s dans *Metz*, *Suez*, *Fez*, etc. — Exercice. Moi, je dois aller à *Coblentz*, à *Badajoz* et à *Rodez*.

AVIS AUX ENFANTS.

Oui, à votre âge,
Petits amis,
Je vous le dis,
Soyez aimables,
Et agréables ;
Soyez très prudents,
Très bons et contents,
Soyez vertueux,
Vous serez heureux,
Quel noble gage !

Puis sans envie,
Soyez polis,
Soyez soumis,
Pleins d'obligeance,
De complaisance,
Vous serez aimés,
Vous serez fêtés,
Vous serez chéris,
Vous serez bénis,
Toute la vie !

DEO GRATIAS.

FIN.

Les formalités voulues par la loi ayant été remplies, on poursuivra les contrefacteurs.

Abbeville. — Imp. JEUNET, éditeur du *Pilote de la Somme*, rue Saint-Gilles, 108.

www.ingramcontent.com/pod-product-compliance
Lightning Source LLC
Chambersburg PA
CBHW060926050426
42453CB00010B/1876